Für

zur Jugendweihe am

mit lieben Wünschen von

WAS ICH DIR WÜNSCHE ZUR

Jugendweihe

Pattloch

Heute ist es endlich soweit!

Der große Tag ist gekommen, der Tag deiner Jugendweihe, um den symbolischen Schritt vom Kind zum Erwachsenen feierlich zu begehen.

Auf dich warten einige
wichtige Entscheidungen,
große Gefühle sowie Hürden
und Erfahrungen,
an denen du wachsen wirst.
Doch vor allem liegt eines vor dir:
Der Beginn eines wunderbaren,
spannenden neuen *Lebensabschnitts!*

Ein Leben ohne Feste
ist wie eine lange Wanderung ohne Einkehr.

DEMOKRIT

Ich wünsche dir einen Tag

voller Konfetti, knallender Sektkorken, Musik, Lachen und *Freude.*

Die Feierstunde, dein Moment auf der Bühne,
die Jugendweiherreise ...
Genieße deine Jugendweihe, lass dich bejubeln
und freue dich auf die aufregende
kommende Zeit!

*Im Grunde sind es doch
die Verbindungen mit Menschen,
welche dem Leben seinen Wert geben.*

WILHELM VON HUMBOLDT

FUTURE

Eben erst sah ich dich durchs Leben krabbeln,
du hattest noch nicht einmal Zähne. Nun machst du dich
mit großen Schritten auf den Weg in die Welt der Erwachsenen.
Dabei (und erst recht dort angekommen) werde ich dich
in *Liebe* begleiten und dir immer zur Seite stehen.

Werden *Fragen* wie
„Wann kommst du nach Hause?"
oder „Wer war das eben am Telefon?"
ab jetzt der Vergangenheit angehören?
Vermutlich nicht sofort.

Vieles wird morgen noch genauso sein wie heute. Und doch – in Zukunft werden dir mehr und mehr Freiheit und Verantwortung übertragen werden.

Dafür wünsche ich dir *Gelassenheit*, *Selbstvertrauen* und den *Mut*, um Hilfe zu bitten, wenn du sie benötigst.

Du hast alles, was du brauchst,
für die Abenteuer, die vor dir liegen:

*Neugier, Mut
und ein offenes Herz.*

Trudle durch die Welt. Sie ist so schön, gib dich ihr hin, und sie wird sich dir geben.

KURT TUCHOLSKY

Wohin du auch gehst, geh mit deinem ganzen Herzen.

KONFUZIUS

„Wo möchte ich wohnen?
Was für einen Beruf soll ich ergreifen?
Mit wem will ich mein Leben verbringen?"
Du wirst auf deinem

Lebensweg

an vielen Kreuzungen stehen,
Umwege machen und vielleicht
stößt du auch mal auf eine Sackgasse.

Ich wünsche dir, dass du stets auf dein *Herz* hören kannst, es wird dir den Weg weisen.

Wer einmal sich selbst gefunden, der kann nichts auf dieser Welt mehr verlieren.

STEFAN ZWEIG

Kein Akt der Freundlichkeit,
wie klein auch immer, ist vergebens.

AESOP

In einer Welt, in der du alles sein kannst – wie wäre es damit?

Du kannst ...

... *freundlich sein*,

... anderen mit *Toleranz* begegnen,

... dich von *Nächstenliebe* leiten lassen.

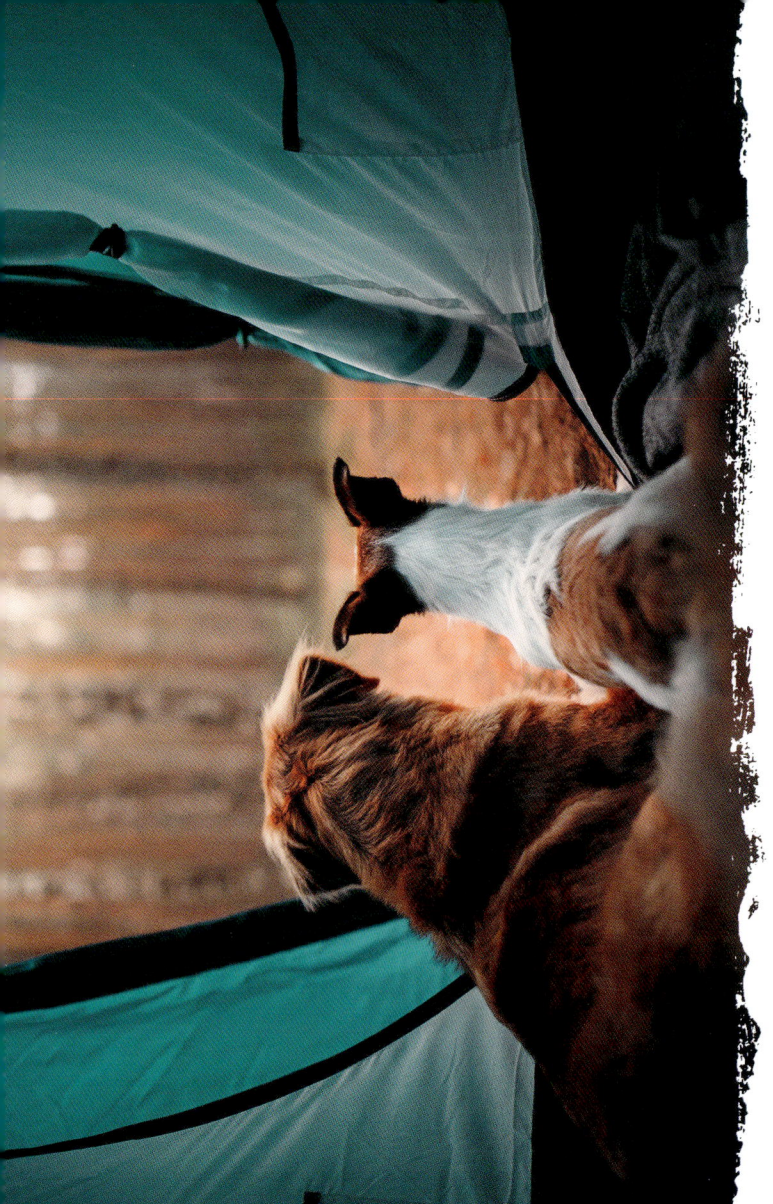

Ich wünsche dir, dass du irgendwann deinen Seelenverwandten findest,
der dich mit all deinen Ecken und Kanten schätzt und liebt.
Mit dem sich jede Herausforderung nicht ganz so schwer anfühlt
und du immer das Gefühl hast, *zu Hause* zu sein.

Aber setz dich dabei nicht unter Druck –
die rosarote Brille, versalzenen Suppen
und Schmetterlinge im Bauch haben Zeit.
Denke dabei immer daran,
den wichtigsten Menschen in deinem Leben
zu lieben und zu achten:

dich!

Plane deine Zukunft, denn dies ist der Ort, wo du den Rest deines Lebens verbringen wirst.

MARK TWAIN

Nun beginnt eine Zeit, in der du zunehmend eigene Entscheidungen treffen musst. Damit wirst du dein Leben in *Zukunft* maßgeblich bestimmen.

„Was will ich und wie kann ich das schaffen?"
Behalte deine Ziele immer im Blick,
doch vergiss nicht, dich ab und zu
einfach treiben zu lassen –
auch darin liegen so viele *Chancen.*

Vergiss nicht:

Es ist okay …

… Fehler zu machen,

… etwas (noch) nicht zu wissen,

… deine Meinung zu ändern,

… dir Zeit zu lassen,

… mal nicht okay zu sein.

Wenn es einen Glauben gibt,
der Berge versetzen kann,
so ist es der Glaube
an die eigene Kraft.

MARIE VON EBNER-ESCHENBACH

Werde, was du noch nicht bist,
bleibe, was du jetzt schon bist;
in diesem Bleiben und diesem Werden
liegt alles Schöne hier auf Erden.

FRANZ GRILLPARZER

Du bist etwas ganz Besonderes und gut, so wie du bist,

mit all deinen *Facetten.*

Habe Vertrauen in dich und deine Fähigkeiten,

dann wirst du ein wunderbarer Erwachsener werden!

Man sagt nicht ohne Grund, dass nun der *Ernst des Lebens* beginnt. In Zukunft wirst du oft vor der Frage stehen, welchen Platz du in der Welt einnehmen möchtest.

Du bist umgeben von Menschen, die mit ihrem *Engagement*
die Welt ein bisschen besser machen.
Lass dich von ihnen und ihrem Einsatz inspirieren.
Auch du kannst viel verändern – schon jede kleine Tat zählt.

Keine Sorge:

Du bist auf deinem Weg nicht allein.

Die Familie kann zwar manchmal nervig sein,

viiiel zu neugierig und zum Türen-Knallen!

Doch sie ist immer für dich da –

heute und ein Leben lang.

Darüber hinaus wünsche ich dir *echte Freunde*

an deiner Seite, denen du dich anvertrauen kannst.

Mit denen du Pferde stehlen, lachen und weinen kannst.

Die vielleicht ganz anders sind als du,

aber mit denen du dich stets im Herzen verbunden fühlst.

Es gibt keinen Weg zum Glück.
Glücklichsein ist der Weg.

BUDDHA

Lauthals unter der Dusche singen, eine feste Umarmung bekommen,
mit deinen Freunden tanzen, Zeit im Sonnenschein verbringen ...
Ich wünsche dir, dass du dich jeden Tag an den großen und kleinen

Glücksmomenten des Alltags erfreuen kannst.

Erwachsensein heißt, selbstbestimmt zu leben, *Verantwortung* zu übernehmen, vielleicht mit dem Kaffeetrinken anzufangen.

Doch Erwachsensein heißt auch, durch den Regen zu tanzen,
zu lachen, bis der Bauch wehtut, und nie mit dem Träumen aufzuhören.
Ich wünsche dir, dass du dir
ein klein bisschen *Kindsein* immer bewahrst!

Und wenn mal etwas schiefgeht oder du nicht weiterweißt?
Dann wünsche ich dir die *Kraft*,
auch mit Niederlagen umzugehen
und immer wieder *neu anzufangen*.

*Hindernisse
und Schwierigkeiten
sind Stufen,
auf denen wir
in die Höhe steigen.*

FRIEDRICH NIETZSCHE

Es gibt einen Platz, den du füllen musst,
den niemand sonst füllen kann,
und es gibt etwas für dich zu tun,
das niemand sonst tun kann.

PLATON

Ab heute nimmst du dein *Leben* in deine eigenen Hände.

Nimm es nicht zu leicht, aber auch nicht schwerer als nötig und denke daran,

dass es für jeden nur das eine gibt – und das ist vom Umtausch ausgeschlossen.

Bleibe dir immer treu und lass dich
auf deinem *Lebensweg*
von niemandem beirren.
Ich werde dich mit all
meiner Kraft dabei begleiten
und unterstützen.

Die Erwachsenenwelt wartet auf dich.

Also los, erobere sie!

Es ist ein Glück.

© 2024 Pattloch Verlag.
Ein Imprint der Verlagsgruppe
Droemer Knaur GmbH & Co. KG, München

Gesamtgestaltung: Silvia Habermeier
Lektorat: Laura Oestermann, Pattloch Verlag
Gesamtherstellung: AZ Druck und Datentechnik GmbH, Kempten

ISBN 978-3-629-00947-0
www.geschenkverlage.de

2 4 5 3 1